BELLA ITALIA

Klassische italienische Pasta-Gerichte (mit denen Liebe wieder durch den Magen geht

VON ROBERTO MAIR

BELLA ITALIA

Klassische italienische Pasta-Gerichte (mit denen Liebe wieder durch den Magen geht

VON ROBERTO MAIR

Impressum

Roberto Mair

Am Wasserturm 1A

86462 Langweid

r.mair2021@gmail.com

Bibliografische Information der Deutschen Nationalbibliothek:
Die Deutsche Nationalbibliothek verzeichnet diese Publikation in der
Deutschen Nationalbibliografie; detaillierte bibliografische Daten sind
im Internet über http://dnb.dnb.de abrufbar.

© 2023 Roberto Mair

Lektorat: Katharina Mair

Herstellung und Verlag: BoD – Books on Demand, Norderstedt

ISBN: 978-3-7347-9037-9

Klassische italienische Pasta-Gerichte-

mit denen Liebe wieder durch den Magen geht

Inhalt:

1. "Spaghetti alla Carbonara"
2. "Tagliatelle al Ragu Bolognese"
3. "Penne alla Vodka"
4. "Fettuccine Alfredo"
5. "Lasagne alla Bolognese"
6. "Gnocchi alla Sorrentina"
7. "Linguine alle Vongole"
8. "Cannelloni al Forno"
9. "Risotto alla Milanese"
10. "Tortellini in Brodo"
11. "Penne alla Arrabiata"
12. "Spaghetti Aglio e Olio"
13. "Fusilli alla Amatriciana"
14. "Pappardelle al Cinghiale"

DAS VORWORT:

DAS BUCH "KLASSISCHE ITALIENISCHE PASTA-GERICHTE" HANDELT VON DEN BELIEBTESTEN UND TRADITIONELLSTEN ITALIENISCHEN PASTA-GERICHTEN, DIE IN JEDEM ITALIENISCHEN RESTAURANT UND IN JEDER ITALIENISCHEN KÜCHE ZU FINDEN SIND. DIESE GERICHTE HABEN IHREN URSPRUNG IN DEN UNTERSCHIEDLICHEN REGIONEN ITALIENS UND ZEICHNEN SICH DURCH DIE VERWENDUNG VON LOKALEN ZUTATEN UND TRADITIONELLEN METHODEN AUS.

DIE ITALIENISCHE KÜCHE IST WELTWEIT BEKANNT UND GESCHÄTZT FÜR IHRE VIELFALT UND IHRE EINFACHHEIT. DIE PASTA, EIN FESTER BESTANDTEIL DER ITALIENISCHEN KÜCHE, HAT IN JEDER REGION IHRE EIGENE GESCHICHTE UND IHRE EIGENEN TRADITIONEN. DIE REGIONEN SÜDITALIEN, WIE ZUM BEISPIEL NEAPEL, SIND BEKANNT FÜR IHRE PASTA-GERICHTE MIT TOMATENSAUCE, WÄHREND DIE REGIONEN NORDITALIEN, WIE ZUM BEISPIEL EMILIA-ROMAGNA, FÜR IHRE PASTA-GERICHTE MIT SAHNESAUCE BEKANNT SIND. IN DIESEM KAPITEL WERDEN EINIGE DER BEKANNTESTEN UND BELIEBTESTEN ITALIENISCHEN PASTA-GERICHTE VORGESTELLT, DIE IN JEDER REGION ZU FINDEN SIND UND DIE SOWOHL IN ITALIEN ALS AUCH IM AUSLAND SEHR GESCHÄTZT WERDEN.

UNTER ANDEREM WERDEN GERICHTE WIE DIE "SPAGHETTI ALLA CARBONARA" (MIT URSPRUNG IN DER REGION LATIUM), DIE "TAGLIATELLE AL RAGU BOLOGNESE" (MIT URSPRUNG IN DER REGION EMILIA-ROMAGNA), "LINGUINE ALLE VONGOLE" (MIT URSPRUNG IN DER REGION KAMPANIEN) UND "CANNELLONI AL FORNO" (MIT URSPRUNG IN DER REGION SIZILIEN) VORGESTELLT. JEDES DIESER GERICHTE HAT SEINE EIGENE GESCHICHTE UND SEINE EIGENEN BESONDEREN ZUTATEN UND WIRD IN DIESEM KAPITEL DETAILLIERT BESCHRIEBEN.

NEBEN DER BESCHREIBUNG DER GERICHTE, WERDEN AUCH WEINEMPFEHLUNGEN GEGEBEN UM DAS ESSEN BESTMÖGLICH

ZU ERGÄNZEN. DIESE WEINE SIND AUS DER GLEICHE REGION WIE DAS GERICHT UND PASSEN PERFEKT ZUSAMMEN.

INSGESAMT IST DIESES BUCH EINE HOMMAGE AN DIE ITALIENISCHE KÜCHE UND IHRE KLASSISCHEN PASTA-GERICHTE UND DIENT ALS ANLEITUNG UND INSPIRATION FÜR ALLE, DIE DIESE GERICHTE SELBST ZUBEREITEN ODER GENIEßEN MÖCHTEN.

"Kapitel 1: Spaghetti alla Carbonara"

Zutaten:

- 400 g Spaghetti
- 4 Eier
- 100 g Pancetta oder Guanciale (geräucherter Schweinebauch)
- 100 g Pecorino Romano Käse (oder Parmesan)
- 4 Knoblauchzehen
- Pfeffer

Zubereitungszeit: 30 Minuten

So wird's gemacht:

Spaghetti alla Carbonara ist ein klassisches italienisches Pastagericht, das seinen Ursprung in der Region Lazio hat. Es besteht aus Spaghetti, Ei, Pecorino-Käse, Guanciale (italienischer Speck) und Pfeffer.

Die Zubereitung von Spaghetti alla Carbonara ist einfach und schnell. Zuerst werden die Spaghetti in reichlich Salzwasser al dente gekocht. Währenddessen wird in einer separaten Pfanne Guanciale in kleinen Stücken angebraten, bis es knusprig ist. In einer Schüssel werden dann Eier, Pecorino-Käse und Pfeffer vermischt.

Sobald die Spaghetti gar sind, werden sie abgetropft und in die Pfanne mit dem Guanciale gegeben. Das Ganze wird dann kurz unter Rühren erhitzt, um die Aromen zu vermischen. Anschließend wird die Ei-Käse-Mischung hinzugefügt und unter die Spaghetti gemischt, bis sie gut verteilt ist und die Spaghetti gleichmäßig mit der Sauce bedeckt sind.

Das Ergebnis ist ein köstliches und sättigendes Gericht, das durch die perfekte Kombination aus der Cremigkeit des Eis, dem salzigen Geschmack des Guanciale und dem würzigen Pecorino-Käse beeindruckt. Es ist ein beliebtes Gericht in Italien und auf der ganzen Welt.

Ein Tipp:

Um eine authentischere Carbonara-Erfahrung zu machen, können sie auch Pancetta oder Guanciale verwenden, das sind traditionelle Zutaten für das Gericht. Auch empfehlenswert ist das verwenden von frischen Eiern, das gibt dem Gericht eine besondere Konsistenz und Geschmack.

Weinempfehlung:

Ein trockener Weißwein, wie zum Beispiel ein Pinot Grigio oder ein Fiano di Avellino, passt gut zu Spaghetti alla Carbonara. Diese Weine haben genug Säure, um die cremige Sauce auszugleichen, und ihre Aromen von Zitrusfrüchten und grünen Äpfeln harmonieren gut mit den Zutaten der Carbonara-Sauce, wie Eier, Speck und Pecorino. Ein trockener Roséwein kann auch eine gute Wahl sein, um die Aromen der Pasta und der Sauce hervorzuheben.

Vegane Variante des Gerichts:

Zutaten:

- 500 g Spaghetti
- 2 EL Olivenöl
- 2 Tassen Sellerie, fein gehackt
- 1 Tasse Cashewnüsse, zerkleinert
- 1/4 Tasse Hefeflocken
- 1/4 Tasse Pflanzliches Milchprodukt
- 2 EL Zitronensaft
- Salz und Pfeffer nach Geschmack
- 2 EL Petersilie, gehackt (optional)

Zubereitungszeit: 30 Minuten

Schritt 1: Die Spaghetti nach Packungsanleitung kochen und abgießen.

Schritt 2: In einer großen Pfanne das Olivenöl erhitzen und den Sellerie darin anbraten, bis er weich ist.

Schritt 3: Die Cashewnüsse, Hefeflocken, pflanzliche Milch, Zitronensaft, Salz und Pfeffer hinzufügen und gut verrühren.

Schritt 4: Die Spaghetti hinzufügen und mit der Sauce mischen, bis alles gut bedeckt ist.

Schritt 5: Mit Petersilie bestreuen, falls gewünscht, und servieren.

"Kapitel 2: Tagliatelle al Ragu Bolognese"

Zutaten:

- 400 g Tagliatelle Pasta
- 1 Zwiebel
- 1 Karotte
- 1 Sellerie
- 2 Knoblauchzehen
- 500 g Rinderhackfleisch
- 1 Dose Tomaten (400 g)
- 1 Glas Rotwein (150 ml)
- 2 EL Olivenöl
- Salz
- Pfeffer
- 1 EL Butter
- Parmesan oder Pecorino Romano Käse zum Servieren

Zubereitungszeit:

1 Stunde und 30 Minuten

So wird's gemacht:

Tagliatelle al Ragu Bolognese ist ein weiteres klassisches italienisches Pastagericht, das seinen Ursprung in der Region Emilia-Romagna hat. Es besteht aus Tagliatelle, Ragu Bolognese (eine Art Fleischsauce) und geriebenem Parmesan.

Die Zubereitung des Ragu Bolognese beginnt mit dem Anbraten von Zwiebeln, Karotten, Knoblauch und Sellerie in Olivenöl. Anschließend wird Hackfleisch hinzugefügt und angebraten, bis es braun ist. Tomatenmark und Rotwein werden hinzugefügt und unter ständigem Rühren eingekocht, bis die Sauce dick und saftig ist.

Die Sauce wird dann mit Gewürzen wie Thymian, Oregano und Pfeffer abgeschmeckt und mehrere Stunden lang langsam gegart, um die Aromen zu entwickeln.

Währenddessen werden die Tagliatelle in reichlich Salzwasser al dente gekocht. Sobald die Tagliatelle gar sind, werden sie abgetropft und in die Sauce gegeben. Das Ganze wird dann kurz unter Rühren erhitzt, um die Tagliatelle gleichmäßig mit der Sauce zu bedecken.

Sobald das Gericht serviert wird, wird es mit geriebenem Parmesan bestreut und serviert. Das Ergebnis ist ein köstliches und sättigendes Gericht, das durch die perfekte Kombination aus der Würze des Ragu Bolognese, der Cremigkeit des Parmesan und der Weichheit der Tagliatelle beeindruckt. Es ist ein beliebtes Gericht in Italien und auf der ganzen Welt.

Ein Tipp: Um eine authentischere Erfahrung zu machen, empfehlen wir die Verwendung von frischen Tagliatelle und das langsame Garen des Ragu Bolognese für mindestens 3-4 Stunden, das gibt dem Gericht einen besonderen Geschmack und Konsistenz. Auch können sie versuchen, verschiedene Fleischsorten zu verwenden, um die Sauce zu variieren.

Weinempfehlung:

Ein mittelkräftiger Rotwein, wie zum Beispiel ein Chianti Classico, ein Barbera oder ein Dolcetto, passt gut zu Tagliatelle al Ragu Bolognese. Diese Weine haben genug Körper, um die würzige Sauce auszugleichen, und ihre Aromen von Beeren und Gewürzen harmonieren gut mit den Zutaten des Ragùs. Ein Barolo oder Brunello di Montalcino können auch eine gute Wahl sein, wenn es eine besonders festliche Gelegenheit ist.

Vegane Variante des Gerichts:

Zutaten:

- 500 g Tagliatelle
- 2 EL Olivenöl
- 1 Zwiebel, fein gehackt
- 2 Karotten, fein gehackt
- 2 Knoblauchzehen, fein gehackt
- 1 Dose Tomaten, gehackt
- 2 EL Tomatenmark
- 1 TL Thymian
- 1 TL Rosmarin
- Salz und Pfeffer nach Geschmack
- 1 Tasse Pflanzlicher Hackfleischersatz

Zubereitungszeit: 30 Minuten

Schritt 1: Die Tagliatelle nach Packungsanleitung kochen und abgießen.

Schritt 2: In einer großen Pfanne das Olivenöl erhitzen und die Zwiebel, Karotten und Knoblauch darin anbraten, bis sie weich sind.

Schritt 3: Die gehackten Tomaten, das Tomatenmark, Thymian, Rosmarin, Salz und Pfeffer hinzufügen und umrühren.

Schritt 4: Das Pflanzliche Hackfleisch hinzufügen und weiter kochen, bis es warm ist.

Schritt 5: Die Tagliatelle hinzufügen und mit der Sauce mischen, bis alles gut bedeckt ist.

Schritt 6: Servieren und genießen.

"Kapitel 3: Penne alla Vodka"

Zutaten:

- 400 g Penne Pasta
- 2 Knoblauchzehen
- 1 Zwiebel
- 2 EL Olivenöl
- 500 g passierte Tomaten
- 4 EL Vodka
- 100 ml Sahne
- Salz
- Pfeffer
- Basilikum zum Servieren

Zubereitungszeit: 30 Minuten

So wird's gemacht:

Penne alla Vodka ist ein beliebtes italienisches Pastagericht, das hauptsächlich aus Penne-Nudeln, Tomatensoße und Vodka besteht.
Das Rezept beginnt damit, dass Zwiebeln und Knoblauch in Olivenöl angebraten werden, bis sie weich und goldbraun sind. Dann wird

Tomatenmark hinzugefügt und unter Rühren einige Minuten gekocht, um den Geschmack zu intensivieren.

Anschließend wird die Tomatensoße hinzugefügt und zum Kochen gebracht.
Während die Soße kocht, werden die Penne-Nudeln in reichlich Salzwasser al dente gekocht. Sobald die Nudeln gar sind, werden sie abgeschüttet und in die Tomatensoße gegeben. Hier wird dann auch der Vodka hinzugefügt und kurz unter Rühren erhitzt, bis die Nudeln vollständig von der Soße umhüllt sind.
Das Gericht wird dann in tiefen Tellern serviert und nach Belieben mit frisch geriebenem Parmesan und gehacktem Basilikum garniert.

Penne alla Vodka ist ein einfaches und schnell zuzubereitendes Gericht, das sowohl als Hauptspeise als auch als Beilage serviert werden kann. Es hat eine kräftige und würzige Tomatensoße, die durch den Alkohol des Vodkas abgerundet wird und eine besondere Note verleiht.

Penne alla Vodka hat in den letzten Jahren an Popularität gewonnen und ist in vielen italienischen Restaurants auf der ganzen Welt zu finden. Es ist jedoch wichtig zu beachten, dass es sich hierbei nicht um ein traditionelles italienisches Gericht handelt, sondern um eine moderne Erfindung.

Die Verwendung von Vodka in der Tomatensoße ist ein kontroverses Thema unter Köchen und Food-Experten. Einige argumentieren, dass der Alkohol die Aromen der Tomaten und der anderen Zutaten unterdrückt und das Gericht dadurch weniger authentisch schmeckt. Andere argumentieren, dass der Vodka eine besondere Note und Tiefe dem Gericht verleiht und es dadurch interessanter und abwechslungsreicher macht.

Es gibt auch verschiedene Varianten von Penne alla Vodka, die je nach Region und Geschmack variieren können. Einige Rezepte enthalten zum Beispiel Sahne, um die Soße cremiger zu machen, während andere zusätzliche Gewürze oder Zutaten wie Paprika oder Champignons hinzufügen.

Insgesamt ist Penne alla Vodka ein leckeres und flexibles Gericht, das sowohl für Anfänger als auch für erfahrene Köche leicht zuzubereiten ist. Es bietet auch viele Möglichkeiten, es nach eigenem Geschmack anzupassen und zu experimentieren.

Weinempfehlung:

Ein trockener Weißwein, wie zum Beispiel ein Pinot Grigio oder ein Sauvignon Blanc, passt gut zu

Penne alla Vodka. Diese Weine haben genug Säure, um die cremige Sauce auszugleichen und die Aromen der Tomaten und der Vodka hervorzuheben. Alternativ kann auch ein leichter Rotwein wie ein Chianti Classico Riserva gewählt werden.

Vegane Variante des Gerichts:

Zutaten:

- 300g Penne
- 1 Zwiebel
- 2 Knoblauchzehen
- 1 Dose Tomaten
- 1/2 Tasse rote Paprikawürfel
- 1/2 Tasse Gemüsebrühe
- 2 EL Vodka
- 1 TL Tomatenmark
- Salz
- Pfeffer
- 1/2 TL getrockneter Thymian
- 1/2 TL getrockneter Oregano
- 1 EL Olivenöl
- 1/4 Tasse Sojacreme
- frische Basilikumblätter zum Garnieren

Zubereitungszeit: 30 Minuten

1. Die Penne in reichlich Salzwasser al dente kochen

2. Die Zwiebel und Knoblauch fein hacken und in einer Pfanne in Olivenöl anbraten.

3. Die Tomaten und Paprika hinzufügen und für 2-3 Minuten weiterbraten.

4. Die Gemüsebrühe und Vodka hinzufügen und aufkochen lassen.

5. Das Tomatenmark, Thymian, Oregano, Salz und Pfeffer hinzufügen und für 5 Minuten köcheln lassen.

6. Die Sojacreme unterrühren und weitere 2-3 Minuten köcheln lassen.

7. Die gekochten Penne hinzufügen und gut vermengen.

8. Mit frischen Basilikumblättern garnieren und servieren.

"Kapitel 4: Fettuccine Alfredo"

Zutaten:

- 400 g Fettuccine Pasta
- 200 g Butter
- 200 g geriebener Parmesan
- Salz
- Pfeffer
- frischer Petersilie zum Servieren

Zubereitungszeit: 20 Minuten

So wird's gemacht:

Fettuccine Alfredo ist ein traditionelles italienisches Pastagericht, das hauptsächlich aus Fettuccine-Nudeln und einer cremigen Sauce besteht. Die Sauce wird aus Butter, Sahne und Parmesan-Käse hergestellt und verleiht den Nudeln eine kräftige und würzige Note.

Das Rezept beginnt damit, dass die Fettuccine-Nudeln in reichlich Salzwasser al dente gekocht werden. Während die Nudeln kochen, wird in einem separaten Topf Butter und Sahne erhitzt, bis sie leicht köchelt. Anschließend wird frisch geriebener Parmesan-Käse hinzugefügt und unter Rühren geschmolzen, bis eine glatte und homogene Sauce entsteht.

Sobald die Nudeln gar sind, werden sie abgeschüttet und in die Sauce gegeben. Hier werden sie sorgfältig untergemischt, bis sie vollständig von der Sauce umhüllt sind. Das Gericht wird dann in tiefen Tellern serviert und nach Belieben mit frischem Basilikum oder weiterem Parmesan-Käse garniert.

Fettuccine Alfredo ist ein einfaches und schnell zuzubereitendes Gericht, das sowohl als Hauptspeise als auch als Beilage serviert werden kann. Es hat eine kräftige und würzige Sauce, die durch den Parmesan-Käse abgerundet wird und eine besondere Note verleiht. Es ist ein sehr beliebtes Gericht in Italien und hat sich auch in anderen Teilen der Welt verbreitet. Es gibt jedoch auch Varianten von Alfredo mit Zutaten wie Huhn, Garnelen oder Pilzen, die dem Gericht eine zusätzliche Textur und Geschmack verleihen.

Weinempfehlung:

Eine empfehlenswerte Weinempfehlung für Fettuccine Alfredo wäre ein weißer Wein wie z.B. ein Pinot Grigio oder ein Vermentino. Diese Weine haben genug Frucht und Säure um die cremige Sauce auszugleichen und genug Körper um die Nudeln zu unterstützen. Ein Weißwein aus der Region Lazio wie z.B. ein Frascati oder ein Est! Est!! Est!!! di Montefiascone wäre hier ebenso passend.

Ein unkomplizierter Sauvignon Blanc oder ein Chardonnay kann auch gut passen, da er eine ausreichende Säure hat um die sahnige Sauce zu kontrastieren.

Vegane Variante des Gerichts:

Zutaten:

- 400g Fettuccine
- 1 Zwiebel, gehackt
- 4 Knoblauchzehen, gehackt
- 1 Tasse Cashewkerne (vorzugsweise über Nacht eingeweicht)
- 1 Tasse Gemüsebrühe
- 1/2 Tasse Sojamilch
- 3 EL Zitronensaft
- 2 EL Nährhefe
- 2 EL Hefeflocken
- 1 EL Dijon-Senf
- 1 EL Salz
- 1 TL Pfeffer
- 2 EL Olivenöl

Zubereitungszeit: 30 Minuten

Zubereitung:

1. Fettuccine nach Packungsanleitung kochen, abgießen und beiseite stellen.

2. In einer Pfanne Olivenöl erhitzen und Zwiebel und Knoblauch darin anbraten, bis sie weich sind.

3. Cashewkerne, Gemüsebrühe, Sojamilch, Zitronensaft, Nährhefe, Hefeflocken, Dijon-Senf, Salz und Pfeffer im Mixer oder in einem Hochleistungsmixer pürieren, bis eine glatte Sauce entsteht.

4. Die Sauce in die Pfanne mit den Zwiebeln und Knoblauch geben und erhitzen, bis sie warm ist.

5. Die Fettuccine in eine große Schüssel geben und die Sauce darüber gießen.

6. Gut durchmischen und sofort servieren.

"Kapitel 5: Lasagne alla Bolognese"

Zutaten:

- 12 Lasagne-Blätter
- 1 Zwiebel
- 2 Karotten
- 2 Stangen Sellerie
- 3 Knoblauchzehen
- 500 g Rinderhackfleisch
- 400 g Tomatenpassata
- 100 ml Rotwein

- 2 EL Tomatenmark
- Salz
- Pfeffer
- 1 TL getrockneter Thymian
- 1 TL getrockneter Oregano
- 100 g geriebener Parmesan
- 250 g Ricotta-Käse
- 50 g Butter
- 50 g Mehl
- 500 ml Milch
- frischer Basilikum zum Servieren

Zubereitungszeit: 2 Stunden

So wird's gemacht:

Lasagne alla Bolognese ist ein traditionelles italienisches Gericht, das seinen Ursprung in der Stadt Bologna hat. Es besteht aus mehreren Schichten von Lasagne-Nudelplatten, die mit einer kräftigen Hackfleischsauce und Käse überbacken sind.

Das Rezept beginnt mit der Zubereitung der Bolognese-Sauce, die aus Hackfleisch, Zwiebeln, Karotten, Sellerie und Tomaten hergestellt wird. Das Hackfleisch wird in Öl angebraten, bis es braun ist und dann die Zwiebeln, Karotten und Sellerie hinzugefügt. Die Zutaten werden weiter gedünstet, bis sie weich sind, bevor Tomatenmark und Tomaten hinzugefügt werden. Die Sauce wird dann weiter gekocht, um die Aromen zu entwickeln und die Flüssigkeit zu reduzieren.

Während die Sauce kocht, werden die Lasagne-Nudelplatten in reichlich Salzwasser al dente gekocht. Sobald die Nudelplatten gar sind, werden sie abgeschüttet und auf einem Tuch ausgebreitet, um überschüssige Feuchtigkeit aufzunehmen.
Um die Lasagne zu bauen, wird die Bolognese-Sauce in eine ofenfeste Form gegeben und dann eine Schicht Lasagne-Nudelplatten darauf gelegt. Eine Schicht Ricotta oder Béchamelsoße und geriebenen Käse werden auf die Nudelplatten gegeben, bevor die nächste Schicht Nudelplatten und Sauce hinzugefügt werden.

Der Vorgang wiederholt sich, bis alle Zutaten aufgebraucht sind. Die oberste Schicht sollte aus Käse bestehen.
Die Lasagne wird dann im Ofen gebacken, bis sie golden und knusprig ist.

Es ist wichtig, das Gericht abgedeckt zu backen, um sicherzustellen, dass die Nudelplatten nicht austrocknen und die Sauce nicht verdunstet.
Sobald die Lasagne aus dem Ofen genommen wird, sollte sie ein paar Minuten ruhen, bevor sie serviert wird.

Insgesamt ist Lasagne alla Bolognese ein köstliches und vielseitiges Gericht, das sowohl als Hauptspeise als auch als Beilage serviert werden kann. Es hat eine kräftige und würzige Sauce, die durch den Käse abgerundet wird und eine besondere Note verleiht. Es ist ein sehr beliebtes Gericht in Italien.

Weinempfehlung:

Eine empfehlenswerte Weinempfehlung für Lasagne alla Bolognese wäre ein mittelschwerer bis kräftiger rotwein wie z.B. ein Chianti Classico Riserva oder ein Barolo.

Diese Weine haben genug Tannine und Frucht um die kräftige Fleischsauce auszugleichen und genug Körper um die Lasagne zu unterstützen. Ein Rotwein aus der Region Emilia-Romagna wie z.B. ein Lambrusco di Sorbara oder ein Sangiovese di Romagna wäre hier ebenso passend.

Ein fruchtiger und leichterer Rotwein wie z.B. ein Bardolino oder ein Montepulciano d'Abruzzo kann auch gut passen, da er eine ausreichende Fruchtigkeit hat um die kräftige Fleischsauce zu unterstützen.

Vegane Variante des Gerichts:

Zutaten für 4 Portionen:

- 250g Lasagneblätter
- 2 Zwiebeln, fein gewürfelt
- 3 Karotten, klein gewürfelt
- 2 Stangen Sellerie, klein gewürfelt
- 4 Knoblauchzehen, gehackt
- 400g Dose gewürfelte Tomaten
- 1 TL getrockneter Thymian
- 1 TL getrockneter Rosmarin
- 500g Soja- oder Seitanhackfleisch
- 200ml Gemüsebrühe
- Salz und Pfeffer nach Geschmack
- 200g veganer Ricotta
- 100g veganer Parmesan, geraspelt
- 100g frisch geriebener Mozzarella-Käse

Dauer: ca. 1 Stunde, inklusive Kochzeit der Lasagneblätter und Backzeit.

Zubereitung:

1. Die Lasagneblätter nach Packungsanweisung kochen und abtropfen lassen.

2. In einer großen Pfanne Öl erhitzen und die Zwiebeln, Karotten, Sellerie und Knoblauch darin anbraten, bis sie weich sind.

3. Dann das Soja- oder Seitanhackfleisch hinzufügen und braten, bis es braun ist.

4. Die gewürfelten Tomaten, Thymian, Rosmarin, Gemüsebrühe, Salz und Pfeffer hinzufügen und alles gut vermischen.

5. Das Ragout etwa 15 Minuten köcheln lassen.

6. In eine ofenfeste Form eine Schicht Lasagneblätter legen, dann eine Schicht Ragout, dann eine Schicht Ricotta und dann eine Schicht Parmesan.

7. Diese Schritte wiederholen, bis alle Zutaten aufgebraucht sind, und dann den frisch geriebenen Mozzarella-Käse auf dem letzten Layer verteilen.

8. Im vorgeheizten Ofen bei 200°C etwa 30 Minuten backen, bis die Käseschicht goldbraun und knusprig ist.

"Kapitel 6: Gnocchi alla Sorrentina"

Zutatenliste für Gnocchi alla Sorrentina:

- 500 g Gnocchi
- 400 g passierte Tomaten
- 100 g frische Basilikumblätter
- 2 Knoblauchzehen
- 100 g geriebener Pecorino Romano
- 100 g geriebener Mozzarella
- Salz und Pfeffer nach Geschmack
- 4 EL Olivenöl

Zubereitungszeit: 25 Minuten

So wird's gemacht:

Gnocchi alla Sorrentina ist ein traditionelles italienisches Gericht, das seinen Ursprung in der Gegend von Sorrento hat. Es besteht aus Kartoffelgnocchi, die in einer pikanten Tomatensauce und Käse überbacken sind.
Das Rezept beginnt mit der Zubereitung der Kartoffelgnocchi, die aus Kartoffeln, Mehl und Eiern hergestellt werden.

Die Kartoffeln werden gekocht, geschält und dann durch eine Kartoffelpresse gedrückt, um einen glatten Teig zu erhalten. Mehl und Eier werden hinzugefügt und der Teig wird geknetet, bis er glatt und elastisch ist. Der Teig wird dann in kleine Stücke geschnitten und zu kleinen Gnocchi geformt.

Während die Gnocchi vorbereitet werden, wird die Tomatensauce zubereitet, die aus Tomaten, Zwiebeln, Knoblauch und Gewürzen hergestellt wird. Die Tomaten werden in Würfel geschnitten und in Öl angebraten, bevor Zwiebeln und Knoblauch hinzugefügt werden. Die Zutaten werden weiter gedünstet, bevor Tomatenmark und Gewürze hinzugefügt werden.

Die Sauce wird dann weiter gekocht, um die Aromen zu entwickeln und die Flüssigkeit zu reduzieren.
Die Gnocchi werden in reichlich Salzwasser gekocht, bis sie an die Wasseroberfläche steigen. Sobald die Gnocchi gar sind, werden sie abgeschüttet und in die Tomatensauce gegeben. Die Gnocchi werden dann in eine ofenfeste Form gegeben und mit geriebenem Mozzarella und Parmesan überbacken.

Die Gnocchi alla Sorrentina werden im Ofen gebacken, bis der Käse golden und knusprig ist. Es ist wichtig, das Gericht abgedeckt zu backen, um sicherzustellen, dass die Gnocchi nicht austrocknen und die Sauce nicht verdunstet. Sobald die Gnocchi aus dem Ofen genommen werden, sollten sie ein paar Minuten ruhen, bevor sie serviert werden.

Insgesamt ist Gnocchi alla Sorrentina ein köstliches und vielseitiges Gericht, das sowohl als Hauptspeise als auch als Beilage serviert werden kann. Es hat eine kräftige und würzige Tomatensauce, die durch den Käse abgerundet wird und eine besondere Note verleiht.

Weinempfehlung:

Eine gute Weinempfehlung für Gnocchi alla Sorrentina wäre ein leichter bis mittelschwerer roter Wein wie zum Beispiel ein Aglianico del Vulture oder ein Primitivo di Manduria.

Diese Weine haben genug Tannine und Frucht um die Tomaten-Sauce auszugleichen und genug Körper um die Gnocchi zu unterstützen. Ein rotwein aus der Region Kampanien wie z.B. ein Taurasi oder ein Piedirosso wäre hier ebenso passend.

Ein frischer und fruchtiger Pinot Noir oder ein Barbera kann auch gut passen, da er eine ausreichende Fruchtigkeit hat um die säurereiche Tomatensauce zu neutralisieren.

Vegane Variante des Gerichts:

Zutaten:

- 500g Gnocchi (z.B. aus Kartoffeln)
- 1 große Zwiebel, fein gehackt
- 3 Knoblauchzehen, fein gehackt
- 2 Dosen Tomaten (ca. 800g)
- 100g frische Basilikumblätter, gehackt
- Salz und Pfeffer nach Geschmack
- 1 Tasse veganer Mozzarella-Käse, gerieben
- 1 Tasse frische Tomaten, in kleine Würfel geschnitten
- 2 EL Olivenöl

Zubereitungszeit: ca. 45 Minuten

Zubereitung:

1. Gnocchi in einem großen Topf mit kochendem Salzwasser nach Packungsanweisung bissfest garen. Abgießen und beiseite stellen.
2. In einem großen Topf Olivenöl erhitzen und Zwiebeln und Knoblauch darin goldbraun anbraten.
3. Tomaten und Basilikum hinzufügen und zum Kochen bringen. Die Sauce bei

schwacher Hitze etwa 10 Minuten köcheln lassen.
4. Mit Salz und Pfeffer würzen.
5. Gnocchi in eine ofenfeste Form geben und die Tomatensauce darüber geben.
6. Mit geriebenem veganen Mozzarella bestreuen und im vorgeheizten Ofen bei 180°C etwa 15-20 Minuten überbacken, bis der Käse schön gebräunt ist.
7. Mit frischen Tomatenwürfeln garnieren und sofort servieren.

"Kapitel 7: Linguine alle Vongole"

Zutatenliste für Linguine alle Vongole:

- 400 g Linguine
- 2 kg frische Venusmuscheln
- 4 Knoblauchzehen
- 1 kleine rote Chili
- 2 EL Olivenöl
- 2 EL Weißwein
- 1 EL frischer Zitronensaft
- 4 EL frische Petersilie
- Salz und Pfeffer nach Geschmack

Zubereitungszeit: 30 Minuten

So wird's gemacht:

Linguine alle Vongole ist ein beliebtes Pastagericht aus der italienischen Küche, das hauptsächlich aus Linguine, Venusmuscheln und einer Weinsauce besteht.

Die Zubereitung des Gerichts beginnt mit der Vorbereitung der Venusmuscheln. Die Muscheln werden gründlich gewaschen und jede offene

Muschel, die sich nicht schließen lässt, weggeworfen. In einem großen Topf werden dann Knoblauch, Chili und Weißwein erhitzt und die Muscheln hinzugefügt.

Das Ganze wird dann gekocht, bis die Muscheln geöffnet sind.
Währenddessen werden die Linguine in reichlich Salzwasser al dente gekocht. Sobald die Linguine gar sind, werden sie abgetropft und zu den geöffneten Muscheln und der Sauce hinzugefügt. Das Gericht wird dann kurz unter Rühren erhitzt, um die Linguine gleichmäßig mit der Sauce zu bedecken.

Sobald das Gericht serviert wird, wird es mit frischen Petersilie bestreut und serviert. Linguine alle Vongole ist ein köstliches und sättigendes Gericht, das durch die perfekte Kombination aus dem salzigen Geschmack der Venusmuscheln, der Schärfe des Chili und der Würze des Weißweins beeindruckt. Es ist ein beliebtes Gericht in Italien und auf der ganzen Welt.

Ein Tipp: Um eine authentischere Erfahrung zu machen, empfehlen wir die Verwendung von frischen Venusmuscheln und Linguine. Auch empfehlen wir die Verwendung von einem trockenen Weißwein, der der Sauce zusätzlichen Geschmack verleiht.

Weinempfehlung:

Eine empfehlenswerte Weinempfehlung für Linguine alle Vongole wäre ein trockener, mineralischer Weißwein wie zum Beispiel ein Vermentino oder ein Falanghina. Diese Weine haben genug Körper und Aromen um die Muscheln zu unterstützen und genug Säure um das Gericht auszugleichen. Ein Weißwein aus der Region Ligurien, wo dieses Gericht ursprünglich stammt, wie ein Pigato oder ein Vermentino di Gallura wäre hier auch perfekt. Ein frischer, junger Chardonnay oder Sauvignon Blanc kann auch gut passen, da er ausreichend Säure hat um die salzige Note der Muscheln zu neutralisieren.

Vegane Variante des Gerichts:

Zutaten für 4 Personen:

- 400g Linguine
- 400g Vongole (ersetzbar durch z.B. Austernpilze)
- 4 Knoblauchzehen
- 2 rote Chili-Schoten
- 1 Zwiebel
- 2 EL Olivenöl
- 2 EL Tomatenmark
- 100ml Weißwein
- 100g Cherrytomaten
- Salz, Pfeffer

- 2 EL Petersilie

Zubereitungszeit: 30 Minuten

1. Die Linguine nach Packungsanweisung kochen.
2. In der Zwischenzeit den Knoblauch, Chili und Zwiebel klein schneiden.
3. Das Olivenöl in einer Pfanne erhitzen und den Knoblauch, Chili und Zwiebel darin anbraten.
4. Die Vongole zugeben und unter Rühren 3 Minuten braten.
5. Mit Tomatenmark, Weißwein und den Cherrytomaten ablöschen. Alles für ca. 5 Minuten köcheln lassen.
6. Die Sauce mit Salz und Pfeffer abschmecken und zu den Linguine servieren. Mit Petersilie garnieren.

"Kapitel 8: Cannelloni al Forno"

Zutatenliste für Cannelloni al Forno:

- 12 Cannelloni-Röhren
- 500 g gemischtes Hackfleisch (Rind und Schwein)
- 1 Zwiebel
- 2 Knoblauchzehen
- 1 Dose Tomaten
- 1/2 TL getrockneter Oregano
- 1/2 TL getrockneter Thymian
- 1/2 TL getrockneter Rosmarin
- 250 g Ricotta-Käse
- 100 g geriebener Parmesan
- 100 g geriebener Pecorino Romano
- 2 Eier
- 2 EL Olivenöl
- Salz und Pfeffer nach Geschmack

Zubereitungszeit:
1 Stunde und 20 Minuten

So wird's gemacht:

Cannelloni al Forno ist ein klassisches italienisches Pastagericht, das aus rollenden Nudelröhren besteht, die mit einer köstlichen Hackfleisch- und Ricotta-Füllung gefüllt sind und in Tomatensauce und Käse überbacken werden.
Zunächst wird die Füllung zubereitet, indem man Hackfleisch in eine Pfanne gibt und anbrät, bis es durchgegart ist. Dann werden Zwiebeln, Knoblauch und Karotten hinzugefügt und weiter gegart, bis sie weich sind.

Die Mischung wird dann mit Ricotta, Eiern, Petersilie, Salz und Pfeffer vermischt und beiseite gestellt.
Die Cannelloni-Röhren werden in kochendem Salzwasser leicht vorgegart, bevor sie auf ein Brett gelegt und mit der Hackfleischfüllung gefüllt werden. Sie werden dann in eine Auflaufform gelegt, die zuvor mit Tomatensauce ausgelegt wurde.

Die Cannelloni werden dann mit Käse bestreut und im Ofen überbacken, bis der Käse schön braun und knusprig ist.
Dieses Gericht eignet sich perfekt für ein gemütliches Abendessen mit Freunden oder Familie. Es ist einfach zuzubereiten und bietet eine köstliche Kombination aus saftigem Hackfleisch, süßen Karotten und der cremigen Ricotta. Als Beilage empfehlen wir einen grünen Salat und frisches Weißbrot.

Weinempfehlung:

Ein klassischer italienischer Rotwein, wie zum Beispiel ein Chianti Classico oder ein Montepulciano d'Abruzzo, passt gut zu Cannelloni al Forno. Diese Weine haben genug Körper und Tannine, um die saftige Tomatensauce und das Hackfleisch abzurunden, aber auch genug Fruchtigkeit, um die süßen Karotten und die cremige Ricotta zu kontrastieren. Ein Super Tuscans, ein süditalienischer Aglianico oder ein neapolitanischer Taurasi wären auch eine gute Wahl.

Vegane Variante des Gerichts:

Zutaten:

- 250g Cannelloni-Röhren
- 1 Zwiebel, fein gehackt
- 2 Knoblauchzehen, fein gehackt
- 2 Dosen gehackte Tomaten (ca. 400g)
- 2 EL Tomatenmark
- 1 EL Olivenöl

- Salz, Pfeffer
- 1 Tasse frischer Spinat
- 1 Tasse Sojamilch
- 1/2 Tasse Pflanzen-Reibekäse
- 1/2 Tasse Semmelbrösel
- 1 TL getrockneter Oregano
- 1 TL getrockneter Thymian

Dauer: 50 Minuten (inkl. Vorbereitungszeit)

Zubereitung:

1. Den Ofen auf 200°C vorheizen.
2. Das Olivenöl in einer Pfanne erhitzen und Zwiebel und Knoblauch darin anbraten, bis sie weich sind.
3. Die gehackten Tomaten und das Tomatenmark hinzufügen und gut verrühren. Mit Salz und Pfeffer würzen.
4. Die Sojamilch und den Spinat hinzufügen und kurz kochen lassen, bis der Spinat zusammenfällt.
5. Die Cannelloni-Röhren mit der Spinat-Soja-Mischung füllen und in eine ofenfeste Form legen.
6. Die Semmelbrösel, den Reibekäse und die Kräuter auf den Cannelloni verteilen.
7. Im Ofen ca. 30-40 Minuten backen, bis die Oberfläche goldbraun ist.

"Kapitel 9: Risotto alla Milanese"

Zutaten:

- 1 Zwiebel, fein gehackt
- 1 Knoblauchzehe, fein gehackt
- 1 1/2 Tassen Arborio-Reis
- 1/2 Tasse Weißwein
- 4-5 Tassen Hühnerbrühe (heiß)
- 60 g Butter
- 1/4 Tasse geriebener Parmesan-Käse
- Safranfäden (nach Belieben)
- Salz und Pfeffer nach Geschmack

Zubereitungszeit: 30 Minuten

So wird's gemacht:

Risotto alla Milanese ist ein klassisches italienisches Risottorezept, das seinen Ursprung in der Region Lombardei hat. Es ist ein besonders aromatisches und delikates Gericht, das aus Rundkornreis, Zwiebeln, Butter, Weißwein und Safran hergestellt wird.

Zunächst werden die Zwiebeln in Butter angebraten, bis sie weich und glasig sind. Der Rundkornreis wird dann hinzugefügt und unter ständigem Rühren angebraten, bis er glasig ist.

Weißwein wird hinzugefügt und unter Rühren aufgebraucht. Dann wird nach und nach heiße Brühe hinzugefügt und unter Rühren gekocht, bis der Reis perfekt al dente und die Flüssigkeit aufgenommen ist.

Während des Garens wird Safran hinzugefügt, was dem Risotto seine charakteristische gelbe Farbe und besondere Aromen verleiht. Es wird auch oft mit Parmesan oder Pecorino Käse abgeschmeckt.

Risotto alla Milanese ist ein sehr vielseitiges Gericht, das sowohl als Vorspeise als auch als Hauptspeise serviert werden kann. Es eignet sich besonders gut als Beilage für gebratenes oder gegrilltes Fleisch und Fisch.

Weinempfehlung:

Ein klassischer italienischer Weißwein, wie z.B. ein Lombardischer Franciacorta oder ein Oltrepò

Pavese, passt gut zu Risotto alla Milanese, da seine feinen Aromen und seine Säure die Aromen des Risottos unterstützt und seine Cremigkeit und Butterigkeit kontrastiert.

Vegane Variante des Gerichts:

Zutaten:

- 300 g Risotto-Reis
- 1 Zwiebel
- 2 Knoblauchzehen
- 1 Karotte
- 1 Stange Sellerie
- 1 EL Olivenöl
- 3 EL Weißwein
- 1 l Gemüsebrühe
- 1 EL Safranfäden
- 1 EL Hefeflocken
- Salz & Pfeffer nach Geschmack
- 2 EL geriebener veganer Parmesan (z.B. aus Cashewnüssen)
- 1 Handvoll frische Petersilie

Dauer: 30-40 Minuten

Zubereitung:

1. Die Zwiebel, Knoblauchzehen, Karotte und Sellerie klein hacken.

2. Das Olivenöl in einem großen Topf erhitzen und die gehackten Gemüse darin anbraten, bis sie weich sind.

3. Den Reis hinzufügen und gut umrühren, bis er von dem Öl und dem Gemüse umhüllt ist.

4. Mit dem Weißwein ablöschen und den Safran hinzufügen.

5. Die Gemüsebrühe nach und nach hinzufügen und den Reis bei mittlerer Hitze kochen, bis er gar ist und die Brühe aufgenommen wurde.

6. Die Hefeflocken und den veganen Parmesan hinzufügen und gut untermischen.

7. Mit Salz und Pfeffer abschmecken und mit frischer Petersilie bestreuen.

"Kapitel 10: Tortellini in Brodo"

Zutaten:

- 500 g Tortellini (gewünschte Füllung)
- 4 L Hühnerbrühe (heiß)
- 1 Zwiebel, fein gehackt
- 1 Knoblauchzehe, fein gehackt
- 2 Karotten, gewürfelt
- 2 Selleriestangen, gewürfelt
- 2 EL Olivenöl
- Salz und Pfeffer nach Geschmack

Zubereitungszeit: 45 Minuten

So wird's gemacht:

Tortellini in Brodo ist ein klassisches italienisches Suppenrezept, das seinen Ursprung in der Region Emilia-Romagna hat. Es besteht aus kleinen, selbstgemachten Teigtaschen, die mit einer Füllung aus Rindfleisch und Schweinefleisch oder

Ricotta und Spinat gefüllt sind, die in einer köstlichen, klaren Fleischbrühe serviert werden. Die Zubereitung von Tortellini in Brodo beginnt mit der Herstellung des Teigs. Der Teig wird aus Hartweizengrieß, Eiern, Wasser und Salz hergestellt und dann zu dünnen, runden Platten ausgerollt.

Die Füllung wird dann in kleine Portionen auf die Teigplatten gegeben und die Teigplatten werden zu Tortellini gefaltet.
Die Tortellini werden dann in eine klare Fleischbrühe gegeben und auf kleiner Flamme gegart, bis sie gar sind. Die Brühe wird oft mit Zwiebeln, Karotten und Sellerie angereichert, um ihr Aroma und ihre Geschmacksrichtungen zu verbessern.

Tortellini in Brodo wird oft als Vorspeise serviert, aber es kann auch als Hauptgericht serviert werden, insbesondere in der kalten Jahreszeit, wenn es besonders tröstlich und befriedigend ist.

Weinempfehlung:

Es passt gut zu einem leichten italienischen Weißwein, wie z.B. ein Pilsner oder ein Trebbiano d'Abruzzo.

Vegane Variante des Gerichts:

Zutaten für 4 Portionen:

- 250g Hartweizennudeln (z.B. Tortellini)
- 2 Karotten
- 1 Zwiebel
- 2 Knoblauchzehen
- 1 Stange Sellerie
- 1 l Gemüsebrühe
- 2 EL Olivenöl
- Salz, Pfeffer
- frisch gehackte Petersilie (optional)

Zubereitungszeit: 30 Minuten

1. Die Karotten, Zwiebel, Knoblauch und Sellerie fein würfeln.
2. Das Olivenöl in einem großen Topf erhitzen und die Gemüsewürfel darin anbraten, bis sie weich sind.
3. Die Gemüsebrühe hinzufügen und zum Kochen bringen.
4. Die Tortellini in den Topf geben und nach Packungsanweisung gar kochen.
5. Mit Salz und Pfeffer abschmecken und optional mit frisch gehackter Petersilie garnieren.

Tipp: Du kannst auch Tofu oder Seitan als Ersatz für Fleisch in den Brodo geben, um eine proteinreichere Mahlzeit zu bekommen.

Kapitel 11: Penne alla Arrabiata

Penne alla Arrabiata ist ein klassisches italienisches Pastagericht, das für seine würzigen Tomaten- und Chilisauce bekannt ist. Die Zubereitung ist einfach und schnell, und das Ergebnis ist ein köstliches, würziges Gericht, das jeden Liebhaber von Pasta begeistern wird.

Zutaten:

- 400g Penne-Nudeln
- 4 mittelgroße Tomaten
- 2 Knoblauchzehen
- 1 Teelöffel rote Chiliflocken
- 4 Esslöffel Olivenöl
- Salz
- Pfeffer
- Parmesan-Käse zum Servieren (optional)

Zubereitungszeit: 30 Minuten

Zubereitung:

1. Die Penne-Nudeln nach Packungsanweisung in reichlich gesalzenem Wasser kochen.
2. Die Tomaten kochen, abkühlen lassen und dann enthäuten und grob hacken.
3. Knoblauch und Chiliflocken in feine Würfel schneiden.
4. Das Olivenöl in einer großen Pfanne erhitzen und den Knoblauch und Chiliflocken hinzufügen. Für 1-2 Minuten anbraten.
5. Die Tomaten hinzufügen und auf mittlerer Hitze für etwa 10 Minuten köcheln lassen.
6. Mit Salz und Pfeffer abschmecken.
7. Die Penne-Nudeln abgießen und in die Pfanne mit der Tomatensauce geben. Gut umrühren, damit die Nudeln gleichmäßig mit der Sauce bedeckt sind.
8. Servieren und nach Belieben mit frisch geriebenem Parmesan-Käse bestreuen.

Penne alla Arrabiata ist ein einfaches, aber köstliches Pastagericht, das perfekt für eine schnelle und unkomplizierte Mahlzeit geeignet ist. Probieren Sie es aus und genießen Sie die würzigen Aromen, die jeden Bissen zu einem besonderen Erlebnis machen!

Weinempfehlung:

Zu Penne alla Arrabiata passt am besten ein trockener und kräftiger Rotwein wie ein Chianti Classico Riserva oder ein Nero d'Avola. Diese Weine haben genug Struktur, um dem scharfen Geschmack der Arrabiata-Soße standzuhalten und bieten gleichzeitig ausreichende Fruchtigkeit, um die Aromen der Tomaten und Peperoncini hervorzuheben. Ein Gut gekühlter Rosé kann ebenfalls eine gute Wahl sein, wenn Sie nach einer leichteren Option suchen.

Vegane Variante des Gerichts:

Zutaten (für 4 Personen):

- 400g Penne-Nudeln
- 4 Tomaten
- 1 rote Paprikaschote
- 2 Knoblauchzehen
- 1 rote Chili
- 4 EL Olivenöl
- 2 EL Tomatenmark
- Salz und Pfeffer zum Abschmecken
- frischer Basilikum zum Garnieren

Zubereitungszeit: 20 Minuten

Zubereitung:

1. Die Nudeln nach Packungsanweisung kochen und abgießen.
2. Die Tomaten, Paprikaschote, Knoblauchzehen und Chili waschen und klein schneiden.
3. Olivenöl in einer großen Pfanne erhitzen und den Knoblauch und Chili hinzufügen. 2-3 Minuten anbraten, bis sie goldbraun sind.
4. Die Paprika und Tomaten hinzufügen und 5 Minuten kochen, bis sie weich sind.
5. Tomatenmark und 2 EL Wasser hinzufügen und gut verrühren. Weitere 5 Minuten kochen.
6. Die Nudeln zu den Tomaten geben und gut vermengen. Mit Salz und Pfeffer abschmecken.
7. Mit frischem Basilikum garnieren und servieren.

Kapitel 12: Spaghetti Aglio e Olio

Spaghetti Aglio e Olio ist ein klassisches italienisches Gericht, das aus Spaghetti, Knoblauch, Olivenöl, Salz und Pfeffer besteht. Es ist eine einfache, aber leckere Mahlzeit, die in nur wenigen Minuten zubereitet werden kann.

Zutaten:

- 500g Spaghetti
- 6 Knoblauchzehen, fein gehackt
- 1/2 Teelöffel rote Chiliflocken (optional)
- 1/2 Teelöffel Salz
- 1/4 Teelöffel frisch gemahlener schwarzer Pfeffer
- 1/2 Tasse Olivenöl
- 1/4 Tasse frisch geriebener Parmesan
- 1 Handvoll frischer Basilikum, fein gehackt

Dauer: 20 Minuten

Zubereitung:

1. Bringen Sie einen großen Topf mit salzigem Wasser zum Kochen und kochen Sie die Spaghetti al dente.

2. In einer großen Pfanne, erhitzen Sie das Olivenöl bei mittlerer Hitze. Fügen Sie den gehackten Knoblauch und die Chiliflocken hinzu und braten Sie für 2-3 Minuten, bis der Knoblauch goldbraun ist.

3. Geben Sie die gekochten Spaghetti zu der Pfanne mit dem Knoblauch-Öl-Mischung und würzen Sie mit Salz und Pfeffer.

4. Mischen Sie alles gut zusammen und servieren Sie das Gericht mit geriebenem Parmesan und frischem Basilikum.

Dieses einfache und schnelle Spaghetti Aglio e Olio ist ein großartiger Weg, um eine köstliche Mahlzeit in kürzester Zeit zu genießen. Probieren Sie es aus und lassen Sie sich von seinem unvergesslichen Geschmack überraschen.

Weinempfehlung:

Die empfohlene Weinbegleitung zu Spaghetti aglio e olio hängt hauptsächlich davon ab, wie intensiv die Aromen von Knoblauch und Olivenöl im Gericht sind. Eine gute Wahl kann ein leichter Weißwein sein, der nicht zu viel Aromen hat und das Aroma von Knoblauch und Olivenöl unterstützt. Ein trockener Weißwein mit leichten Zitrusnoten, wie ein Vermentino oder ein Pinot Grigio, kann eine gute Wahl sein. Ein leichter

Rotwein wie ein Chianti Classico Riserva oder ein Sangiovese kann ebenfalls gut funktionieren. Die Wichtigkeit ist, dass der Wein nicht zu komplex und überwältigend ist, um das einfache Aroma des Gerichts nicht zu überdecken.

Kapitel 13: Fusilli alla Amatriciana

Fusilli alla Amatriciana ist ein klassisches italienisches Gericht, das seinen Ursprung in der Stadt Amatrice hat. Dieses Gericht ist besonders bekannt für seine pikanten Tomaten-Speck-Soße und seine kurzen, spiralförmigen Nudeln.

Zubereitungszeit: ca. 30 Minuten

Zutaten:

- 500 g Fusilli
- 4 Scheiben Pancetta oder Guanciale (alternativ kann man auch Speck verwenden)
- 1 Zwiebel
- 2 Knoblauchzehen
- 1 Dose Tomaten (400 g)
- 1 Teelöffel Tomatenmark

- Salz
- Pfeffer
- 1 Teelöffel Chiliflocken
- 50 g Pecorino Romano oder Parmesan, gerieben
- Olivenöl

Zubereitung:

1. Die Nudeln nach Packungsanweisung al dente kochen.
2. Während die Nudeln kochen, den Pancetta oder Guanciale in kleine Würfel schneiden und in einer Pfanne mit etwas Olivenöl anbraten, bis sie knusprig sind.
3. Die Zwiebel und den Knoblauch fein hacken und zu den Pancetta-Würfeln in die Pfanne geben. 4-5 Minuten anbraten, bis sie weich sind.
4. Die Dosentomaten und das Tomatenmark zu der Pfanne hinzufügen und gut umrühren. 5 Minuten köcheln lassen.
5. Mit Salz, Pfeffer und Chiliflocken abschmecken.
6. Die Nudeln abgießen und zurück in den Topf geben. Die Soße und den geriebenen Käse hinzufügen und gut umrühren.
7. In eine Servierplatte geben und servieren.

Fusilli alla Amatriciana ist ein würziges und leckeres Gericht, das perfekt für einen schnellen

Mittagessen oder Abendessen geeignet ist. Es kann mit einem kräftigen Rotwein wie einem Chianti Classico oder einem Montepulciano d'Abruzzo serviert werden.

Weinempfehlung:

Zu Fusilli alla Amatriciana empfiehlt sich ein trockener und fruchtiger Rotwein, wie zum Beispiel ein Sangiovese oder ein Montepulciano d'Abruzzo. Diese Weine haben genug Kraft, um den intensiven Geschmack der Tomaten-Schinken-Sauce und dem Schärfepegel des Guanciale (italienisches Bauchfleisch) zu begegnen, aber sind trotzdem angenehm im Abgang.

Vegane Variante des Gerichts:

Zutatenliste für Fusilli alla Amatriciana (für 4 Personen):

- 500g Fusilli
- 500g Tomatenpassata
- 1 Zwiebel
- 4 Knoblauchzehen
- 4 Scheiben Pancetta oder Guanciale (für die vegane Variante Tofu oder Seitan verwenden)
- 1 Teelöffel Chiliflocken (nach Belieben)

- Salz
- Pfeffer
- Olivenöl
- Parmesan oder Pecorino (für die vegane Variante eine vegane Alternative verwenden)

Zubereitungszeit:

- Vor- und Vorbereitung: 15 Minuten
- Kochzeit: 20 Minuten
- Gesamtzeit: 35 Minuten

Eine vegane Variante von Fusilli alla Amatriciana kann mit Zutaten wie Zwiebeln, Knoblauch, roten Paprikastreifen, Tomatenmark, Dosen-Tomaten und veganem Speck oder Tofu hergestellt werden. Anstelle von Pancetta oder Guanciale kann man auch Räuchertofu oder veganen Speck verwenden, um eine ähnliche Textur und Geschmack zu erzielen. Die Fusilli werden mit der Sauce aus Gemüse und Tomaten serviert und können mit frischen Kräutern, wie Basilikum oder Petersilie, und veganem Parmesan oder Pecorino Romano dekoriert werden.

Zu beachten ist, dass bei der Verwendung von veganem Speck oder Tofu einige Gewürze oder Kräuter hinzugefügt werden sollten, um einen angemessenen Geschmack zu erzielen. Außerdem kann man auch Sojasahne anstelle von Sahne hinzufügen, um die Sauce cremiger zu machen.

Kapitel 14: Pappardelle al Cinghiale

Pappardelle al Cinghiale ist ein traditionelles Gericht aus der toskanischen Küche. Es besteht aus breiten Bandnudeln, die mit einer Sauce aus Wildschweinragout serviert werden. Das Ragout wird aus dem Fleisch des Wildschweins, Zwiebeln, Tomaten, Knoblauch und Gewürzen hergestellt und verleiht dem Gericht einen herzhaften Geschmack.

Zutatenliste:

- 500g Pappardelle-Nudeln
- 500g Wildschweinfleisch, in klcine Würfel geschnitten
- 1 große Zwiebel, gehackt
- 4 Knoblauchzehen, gehackt
- 2 Tomaten, gewürfelt
- 1 Tasse Gemüsebrühe
- 2 EL Olivenöl
- Salz und Pfeffer nach Geschmack
- 1 EL gehackte frische Rosmarinnadeln

Zubereitungszeit:

- Vorbereitungszeit: 15 Minuten
- Kochzeit: 1 Stunde und 30 Minuten

Zubereitung:

1. In einem großen Topf das Olivenöl erhitzen und die Zwiebel und Knoblauch darin anbraten, bis sie weich sind.

2. Das Wildschweinfleisch hinzufügen und anbraten, bis es braun ist.

3. Die Tomaten, Gemüsebrühe, Rosmarin, Salz und Pfeffer hinzufügen und köcheln lassen, bis das Ragout eine dickflüssige Konsistenz hat.

4. In der Zwischenzeit die Pappardelle nach Packungsanweisung kochen.

5. Die Pappardelle abgießen und auf Teller anrichten.

6. Das Wildschweinragout über die Pappardelle geben und servieren.

Weinempfehlung:

Zu Pappardelle al Cinghiale eignet sich ein kräftiger Rotwein, wie zum Beispiel ein Chianti Classico Riserva oder ein Super Tuscan. Diese Weine haben genug Körper, um die herzhafte Sauce zu begleiten, aber auch genug Fruchtigkeit, um den Geschmack der Tomaten und Zwiebeln hervorzuheben.

Vegane Variante:

Zutaten für eine vegane Variante von Pappardelle al Cinghiale:

- Pappardelle-Nudeln (300g)
- Auberginen (2 Stück)
- Zwiebeln (2 Stück)
- Knoblauchzehen (3 Stück)
- Tomatenmark (2 EL)
- Tomaten (4 Stück, frisch oder aus der Dose)
- Olivenöl (4 EL)
- Gemüsebrühe (250 ml)
- Thymian (frisch oder getrocknet)
- Salz & Pfeffer nach Geschmack

Zubereitungszeit:

- Vorbereitung: 15 Minuten
- Zubereitung: 30 Minuten

So wird's gemacht:

1. Auberginen und Zwiebeln würfeln. Knoblauchzehen fein hacken.

2. Öl in einer großen Pfanne erhitzen und Auberginen, Zwiebeln und Knoblauch darin anbraten, bis sie weich sind.

3. Tomatenmark und frische oder geschälte Tomaten hinzufügen und unter Rühren für 5 Minuten kochen lassen.

4. Gemüsebrühe hinzufügen und mit Thymian, Salz und Pfeffer abschmecken.

5. Inzwischen die Pappardelle-Nudeln nach Packungsanweisung kochen.

6. Die Nudeln abgießen und mit der Auberginen-Tomaten-Sauce servieren.

Für eine vegane Variante kann das Wildschweinfleisch durch Seitan oder Tofu ersetzt werden. Die Pappardelle kann auch durch Vollkorn- oder Buchweizen-Pappardelle ersetzt werden, um eine gesündere Option zu schaffen.

Das Nachwort:

Italienische Küche ist weltberühmt für ihre Pastagerichte, die in der Regel aus einfachen Zutaten hergestellt werden, aber dennoch unvergleichlich lecker sind. In diesem Buch haben wir uns auf die klassischen Pastagerichte konzentriert, die in der italienischen Küche am häufigsten verwendet werden, und haben versucht, ihre Herkunft und ihre besonderen Merkmale zu erläutern.

Wir hoffen, dass dieses Buch Ihnen dabei geholfen hat, die Vielfalt der italienischen Pastagerichte besser zu verstehen und zu schätzen. Wir haben uns bemüht, die Rezepte so einfach und detailliert wie möglich zu beschreiben, damit jeder sie nachkochen kann. Wir haben auch darauf geachtet, dass die Rezepte sowohl für Anfänger als auch für erfahrene Köche geeignet sind.

Wir möchten uns auch bei all denen bedanken, die uns bei der Erstellung dieses Buches unterstützt haben, insbesondere bei den italienischen Köchen, die uns ihre Kenntnisse und Erfahrungen zur Verfügung gestellt haben. Wir hoffen, dass Sie beim Lesen und Kochen dieser Rezepte ein bisschen von der italienischen Lebensfreude und Gastfreundschaft erleben konnten.

Buon appetito!.